L'ORA
DEL LUPO

Un capolavoro di Ingmar Bergman

Saggio

Salvatore M. Ruggiero

L'ora del lupo

(1966)

(Titolo originale:
Vargtimmen

titolo in inglese:
Hour of the wolf)

a tutti quelli che hanno dei demoni...
da combattere.

Una frase:

*"I demoni qualche volta possono
essere prodighi di aiuto.
Ma bisogna fare attenzione.
Talvolta i demoni possono aiutare
ad andare all'inferno...
Io ho avuto sempre la capacità di
attaccare i demoni davanti al
carro da combattimento.[1]"*

---

1   Ingmar Bergman, *Immagini.*

PROLOGO

Il 1966 fu un anno molto proficuo per Ingmar Bergman.

Non fosse altro perché con *Persona*[2] riscosse un grande successo di critica e perché la casa di distribuzione cinematografica americana United Artists gli offrì un milione di dollari per acquistare i diritti del film.

Il 1966 è anche un anno felice: dalla sua relazione con Liv Ullman nacque la figlia Linn.

Ma è anche l'anno che gli riserverà un grande dolore personale: morirà la madre Karin Akerblom.

---

2 *Persona,* 1966. (Pur essendo stato girato nel luglio del 1965, la prima del film risale al 18.10.1966)

E fu anche un anno di riflessione e di nevralgiche scelte professionali: dopo aver messo in scena al Dramaten[3] due lavori di Peter Weiss e di Moliere, alla fine dell'anno restituirà il mandato di Direttore affermando che quell'impegno ulteriore... *"mi assorbe troppo"*.

Ed infine, sempre nel 1966, iniziò le riprese di *L'ora del lupo*[4], nella riserva naturale di Skareleden, ad Hovs Hallar, dove aveva già ambientato la celeberrima scena iniziale de *Il settimo sigillo*[5].

---

3 Dramatiska Teater di Stoccolma.
4 *Vargtimmen,* 1966.
5 *Det Sjunde inseglet*, 1957.

SINOSSI E SCENEGGIATURA

*LUCI A POSTO? IL TRUCCO?
SILENZIO! CIAK. AZIONE.*[6]
Il film si apre con la notizia della
scomparsa del pittore Johan Borg.

Il pittore Johan e sua moglie
Alma, in attesa di un bambino,
vanno a vivere su un isola deserta.
*"L'isola è la gabbia
strindberghiana, la prigione nella
quale l'uomo si trova rinchiuso
quando non riesce a risolvere il
problema del rapporto con gli
altri e quindi dell'amore.*[7]*"*
Johan tormentato dagli incubi e
dai suoi demoni ha la strana
abitudine di restare sveglio di
notte e costringe a questa pratica

---

6   Dalla sceneggiatura del film.
7   Sergio Trasatti, *Ingmar Bergman.*

logorante anche la moglie.

Johan, infatti, nella prima parte del film, spiega alla moglie Alma perché *"...un tempo la notte era fatta per dormire sonni caldi e profondi"*, mentre *"questa è l'ora peggiore"* e le ricorda perché *"il popolo la chiama l'ora del lupo"*.

Johan, rivolto ad Alma (è notte, i due sono immersi completamente nel buio e lui regge in mano un cerino acceso che si sta velocemente estinguendo): *Alma...*

Alma: *Sì!*

Johan: *Sei stanca?*

Alma: *No. Non molto.*

Johan: *Da molte sere siamo svegli fino all'alba.* (Sospira) *Ma questa è l'ora peggiore.* (Accende ancora un cerino) *sai come si chiama?*

Alma: *No!*

Johan: *Il popolo la chiama l'ora del lupo. E' l'ora in cui molta gente muore. E molti bambini nascono. E quando gli incubi ci assalgono. E se restiamo svegli...*
Alma: *Abbiamo paura.*
Johan: *Si! Paura.*
Il cerino che Johan regge tra le dita si spegne. La scena cambia. Finalmente si vedono due mani a coppa che accendono una candela.
In basso a destra dell'immagine per qualche fotogramma si vede il profilo di Alma.
Le mani fatte a coppa si aprono e si allontanano dalla candela accesa: sono quelle di Alma che sospira e si copre il viso.
Johan: *Alma! Che cosa fai dormi?*
Alma: *No! Sono sveglia, ho la schiena rotta. Questo silenzio*

opprime la mente. Sembra una cosa irreale, neanche il mare si sente. Una pace tremenda. Non è vero?

Johan: *Stai piangendo?*

Alma: *Non piango, penso al bambino e a questa silenziosa oscurità. Come se non dovesse più far giorno.*

Johan: (le carezza la guancia col dorso della mano) *Ti capisco.*

Alma: (Implorandolo) *Tienimi la mano. Sto molto meglio.*

Johan le accarezza la fronte. Dissolvenza.

Un giorno Alma, che sta da sola mentre il marito è andato a dipingere un paesaggio, viene raggiunta da un'anziana signora.

Quella strana figura, prima cercando di rassicurarla, finisce invece per atterrirla, dicendole sorridente: *Non ti mangio mica.*

(Un'eco del vecchio titolo *Gli antropofagi?*)

Poi, alimentando ancora di più lo stupore di Alma, le confessa di avere 216 anni, poi si corregge subito: in realtà di anni ne ha solo 76.

Infine, prima di andarsene, le consiglia caldamente di leggere il diario del marito.

Oltre che per dipingere, un altro dei motivi per i quali Johan è sull'isola è costituito dalla contemporanea presenza lì di una donna con la quale ha avuto in passato una relazione: si tratta di Veronica Vogler. La relazione fu interrotta perché provocò uno scandalo di dominio pubblico.

Una sera, mentre sono ospiti al

castello del barone von Merckens, popolato dagli stessi demoni che il pittore schizza continuamente sul suo diario, Johan ed Alma assistono ad una rappresentazione del *Flauto magico* di Mozart, con piccoli attori che agiscono in un teatro di marionette.[8]

Johan racconta ad Alma di aver ucciso un piccolo demone che lo aveva irretito, adescato, assalito, tentato di morderlo sul collo, mentre pescava sulla scogliera.

Un episodio di pedofilia alla rovescia che qualcuno ha letto come paura della omosessualità latente derivante dell'episodio che Ingmar Bergman stesso narra nella sua autobiografia.

---

8 Gli attori sono reali, ma vengono rimpiccioliti con un trucco cinematografico.

"Alma[9], in cucina, aveva raccontato che nel guardaroba abitava un piccolo essere che mangiava le dita dei piedi ai bambini cattivi.[10]"

Recenti studi psicoanalitici collegano la paura dell'omosessualità all'insorgenza di forme ossessive paranoidi che possono accrescere la fantasia dell'individuo. Si tratta di una caratteristica personale che se accompagnata ad una certa abilità o talento personali, consente all'artista che ne è afflitto di raggiungere risultati sensazionali.[11] E' certamente il caso di Ingmar Bergman.

---

9   La giovane cameriera di casa Bergman.
10 Ingmar Bergman, *Lanterna magica*.
11 Claudio Papini, *Ben ritrovato, Ernst Ingmar!*

Finalmente Johan si reca al tanto anelato appuntamento con Veronica Vogler, al castello del barone von Merckens. Ma la rinviene morta, stesa come sul tavolo di un obitorio. Quando comincia a toccarla lei resuscita.

In realtà la donna non è Veronica Vogler ma una persona che le somiglia e che si finge cadavere.

(E, in effetti, non si tratta dell'attrice Ingrid Thulin, ma è interpretata dall'attrice Mona Selitz.[12])

Che sia la messinscena di uno scherzo architettato dai suoi demoni?

I demoni, infatti, che hanno assistito divertiti a tutta la scena, alla fine si divertono anche a

_____
12 *Claudio Papini, Ben ritrovato, Ernst Ingmar!*

mettere in fuga Johan che, tornato a casa, spara ad Alma con una pistola che conservava segretamente e che gli è stata consegnata dall'ambiguo assistente sociale Heedbrand.

Alma si salva, contrariamente a quanto fa sapere subito la baronessa, è solo ferita e si mette alla immediata ricerca del marito Johan, che, nel frattempo è scomparso.

Non troverà il marito ma solo la sua borsa nella quale è ancora conservato il suo diario.

Probabilmente lo scherzo dei demoni è portato alle estreme conseguenze: Johan resterà ucciso. Anche se lo spettatore non saprà mai se è stato ucciso dai demoni o, invece, non sia lui stesso riuscito a portare a termine un tentativo di suicidio.

Il finale del film, come accade spesso anche in quelli più drammatici di Ingmar Bergman, si apre alla speranza: Alma, fra due mesi, avrà un bambino.

Nella scena finale si vede Alma[13] che ha appena acceso un lume a petrolio.
Nell'oscurità più assoluta appare solo il suo volto.
E' provata. Si vede.
Guarda in macchina.
Si rivolge a qualcuno; a un interlocutore invisibile e misterioso.
C'è una cosa che mi tormenta... va di fretta forse? Volevo chiederle una cosa. E' questa. È

---

13 *"Nome insolito e nobile"* dice un ospite del castello.

vero che una donna che vive con un uomo per molto tempo finisce poi per essere simile a quell'uomo? Si, dico, se lei lo ama e cerca di pensare come lui, e vedere come lui, dicono che ciò cambi una persona. Perciò i suoi fantasmi li ho veduti anch'io o, forse, erano reali. Supponiamo che l'avessi amato meno e non mi fossi presa pena per tutte le sue stranezze, avrei saputo difenderlo meglio. O, forse, è stato perché non lo amavo abbastanza, che diventai gelosa. Fu per questo che quei... mangiatori d'uomini come lui li chiamava... fu per ciò che abbiamo sofferto tanto... (Sospira) *Credevo di essergli tanto vicina. A volte anche lui si sentiva vicino a me. Fu lui stesso a confidarmelo. Se avessi potuto stare sempre al suo fianco... Sono pensieri che non mi danno pace, domande inutili. Certe volte non so più da che parte voltarmi neanch'io.*

Alma deglutisce debolmente, gira lentamente il viso verso la sua sinistra.

Dissolvenza.

Fine.

RECENSIONE

L'ora del lupo che da il titolo al film è l'ora che va dalla notte profonda all'alba.

E' l'ora di cui ha parlato anche il regista italiano Nanni Moretti nel suo film *Caro diario*[14], quando i figli unici, per paura, si rifugiano nei letti dei propri genitori.

Si tratterebbe - come scrive il prof Giovanni Invitto[15], e come afferma anche il protagonista all'inizio del film - di qualcosa di riconducibile all'ancestrale paura del buio.

La genesi de *L'ora del lupo* va ricercata in un manoscritto, del

---

14 Capolavoro morettiano del 1993.

15 *Tempi del cinema, tempi nel cinema. Tra filosofia e psicoanalisi.*

1962, di Ingmar Bergman che s'intitola *Gli antropofagi*. Dal quale, qualche tempo prima, aveva tratto una sceneggiatura che si chiamava *I mangiatori di uomini*.

In sostanza la storia di un uomo perseguitato da incubi animati da demoni.

Ingmar Bergman l'aveva farcita di potenti iniezioni di autobiografismo[16], condite col ricordo delle immagini di *Stregonerie attraverso i secoli*[17] di Benjamin Christensen e di *Il*

---

16 August Strindberg: *"L'autobiografismo è la forma più alta di letteratura."*

17 *Haxan (titolo originale) è un film in bianco e nero di genere horror, del 1922, della durata di 87 minuti. Narra la storia della stregoneria, descritta attraverso i documenti dei processi del XV e del XVI secolo.*

carretto fantasma[18] di Viktor Sjostrom.

Ma prima ancora che in quello scritto, la genesi, va ricercata...

"In una incisione di Axel Fridell (dove, n.d.A.) si vede un gruppo di grotteschi antropofagi in procinto di lanciarsi su una ragazzina. Tutti aspettano che la candela della stanza, che si va oscurando, si spenga. Un debole vecchio la protegge. Un autentico Antropofago in costume da clown attende nell'ombra che la candela si consumi. Ovunque nel buio s'intravedono figure terrificanti."

A tutto ciò si aggiunga ancora quello giunge dal *cotè*

---

18 Korkarlen, capolavoro del cinema muto del 1921, al quale si è ispirato anche Stanley Kubrik nella famosa scena dell'ascia nel suo *Shining.*

autobiografico, sempre presente nelle opere del Maestro. Rappresentato in questo caso, innanzitutto, dal forte esaurimento nervoso dovuto ad uno stato di depressione psico-fisica, derivante dal carico di superlavoro e di impegno che lo aveva portato alla realizzazione di *Persona*[19] che, oltre ad averlo completamente svuotato, ne aveva addirittura provocato il ricovero in una clinica. Ma anche e soprattutto effetto della recente e dolorosa morte della madre; dai problematici rapporti della madre col padre; dai suoi altrettanto problematici rapporti col padre; dalla paura della morte e dalla relativa angoscia del vivere.

---

19 *Persona,* 1966.

Qualche giorno dopo un'accanita discussione, con relativo schiaffeggiamento che Ingmar Bergman dovette subire dalla madre, nel suo ufficio al Dramaten, relativa al rifiuto del regista di andare a trovare il padre in ospedale per un cancro all'esofago, Ingmar Bergman viene raggiunto dalla notizia della morte della madre.

"Con mia sorpresa scoppiai in un piano dirotto, senza ritegno... Passò subito. Poco dopo mi ritrovai solo con la mamma nell'appartamento silenzioso.. Era distesa sul letto, indossava una camicia da notte di flanella e una liseuse *azzurra lavorata a maglia. Il capo era leggermente reclinato di lato e le labbra socchiuse. Era pallida, con delle*

ombre intorno agli occhi, i capelli ancora scuri erano pettinati con cura - no, i capelli non erano più scuri, erano grigio ferro, e negli ultimi anni tagliati corti... Le mani riposavano sul seno. Sull'indice sinistro c'era un piccolo cerotto.[20]"

Ma i primi contatti del regista svedese con la triste realtà della morte risalgono alle sue frequentazioni con il parco dell'ospedale di Sophiahemmet dove accompagnava il padre che spesso era chiamato per celebrare la messa nella cappella.

Lì, girovagando in libertà, si imbatté un giorno nella *"...cappella mortuaria, una*

---

20 Ingmar Bergman, *Lanterna magica.*

piccola costruzione in mattoni nel cuore del parco. (...) Grazie all'amicizia col custode che effettuava i trasporti tra l'ospedale e la cappella potei ascoltare molte belle storie e vedere molti cadaveri in diversi stadi di decomposizione.[21] "

Un'altra esperienza traumatica che influirà non poco sulla psicologia di Ingmar Bergman e che lascerà una ferita profonda e non facilmente rimarginabile, fu la profonda crisi matrimoniale dei suoi genitori.

La madre arrivò sull'orlo della separazione col padre, essendosi invaghita di un giovane pastore protestante.

Solo l'intervento del superiore del

---

21 Ingmar Bergman, *Lanterna magica.*

padre, il pastore decano della parrocchia di Hedvig-Eleonora impedì che la famiglia si sfasciasse.

*"Noi non sapevamo che la mamma stava vivendo un amore appassionato e che il papà soffriva una profonda depressione. La mamma era pronta a rompere il matrimonio, il papà minacciò di togliersi la vita, si riconciliarono e decisero di rimanere insieme ...*per amore dei bambini, *come si diceva a quel tempo. Noi non ci accorgemmo di nulla o quasi. (...) I miei genitori si riconciliarono e l'arciricca zia Anna li portò con sé in un lungo viaggio attraverso l'Italia. La nonna materna li sostituì, l'ordine e l'illusione di sicurezza vennero*

ristabiliti.[22]"

Ma l'esperienza che lasciò un segno indelebile nella psiche del bambino Ingmar Bergman fu, sicuramente, quella che visse quando rimase chiuso per qualche ora nell'obitorio senza poterne uscire.

Come pure - ricorda sempre Ingmar Bergman - devono aver influito i racconti della nonna.

"Prima di cena ci sedevamo sul suo divano verde. Lì discorrevamo per qualche ora. La nonna parlava del Mondo, della Vita ma anche della Morte (che occupava molto i miei pensieri)[23].

In realtà, come appena detto, *L'ora del lupo* è uno dei film di Ingmar Bergman più ricco di

---

22 Ingmar Bergman, *Lanterna magica.*
23 Idem.

citazioni autobiografiche ma è anche ricchissimo di citazioni tratte dalla sua ricca filmografia: ne riassumiamo solo alcune.

Il protagonista Johan si chiama Borg, come Isak Borg, il protagonista di *Il posto delle fragole*[24].

L'amante di Johan, Veronica si chiama di cognome, Vogler, come la Elisabeth Vogler di *Persona*[25], l'attrice mutacica e come l'ipnotizzatore de *Il volto*[26].

In più, Jonathan Vogler era un virtuoso del violino che frequentava l'Accademia e dava lezioni, marito di un'amica di Kabi Laretei, musicista anch'essa, che Ingmar Bergman sposò nel

---

24 *Smulltronstallet*, 1957.
25 *Persona*, 1966.
26 *Ansiktet*, 1958.

settembre del 1959.[27]

C'è un ragno anche in questo film, anche se con funzione diversa, ma come quello citato da Karin nell'altro film *Come in uno specchio*[28].

La moglie del pittore Johan si chiama anch'essa Alma[29], come l'infermiera di *Persona*[30] e la moglie del clown bianco Frost di *Una vampata d'amore*[31].

Infine, Johan, truccato da Lindhorst per l'incontro con la sua vecchia amante, evoca il

---

27 Ingmar Bergman, *Immagini*.

28 *Sasom i en spegel*, 1960.

29 La parola *Alma* può avere un duplice etimo: può derivare dal sostantivo latino *anima,* oppure dall'aggettivo *alma-, chi alimenta; chi nutre.*(G. Invitto, *Tempi del cinema, Tempi nel cinema. Tra filosofia e psicanalisi.*)

30 *Persona,* 1965.

31 *Gyklarnas afton,* 1953.

personaggio di Frost, il clown bianco, marito di Alma, di *Una vampata d'amore*[32].

"I clown bianchi hanno un significato ambiguo: belli, duri, pericolosi, in equilibrio sul confine tra la morte e una sessualità distruttiva.[33]*"*

Qualcuno ha pure pensato di assimilare *L'ora del lupo* ad una favola gotica. In effetti l'immagine del *marchen*[34] è evocata nel film dalle numerose scene al buio; dal castello; dai demoni che si materializzano; dal demone stesso che assume le sembianze del corvo; dagli stormi di corvi e di altri uccelli che svolazzano sul castello del

---

32 *Gyklarnas* a*fton*, 1953.

33 Ingmar Bergman, *Immagini.*

34 In tedesco la fiaba si chiama *märchen.*

barone; dal barone von Merckens che levita disinvolto nell'aria mentre Johan incontra la sua Veronica Vogler e quando raggiunge il soffitto dice: *Non fateci caso è solo perché sono geloso.*"; dal demone che cammina sui muri come un geco, sfidando anch'egli la legge di gravità; dall'altro episodio surreale di una vecchia che quando si toglie il cappello si stacca anche la faccia e depone un suo bulbo oculare nel bicchiere dello *sherry*. Episodio che potrebbe avere qualche analogia oggettiva con la sequenza onirica che Louis Bunuel narra nel suo film *Le chien andalou*[35]: la mano di un uomo che, armata di rasoio,

---

35 Un cane andaluso. 1929. Manifesto filmico del surrealismo scritto con Salvador Dalì.

taglia orizzontalmente il bulbo oculare di una donna. Se è vero che l'occhio è lo specchio dell'anima, quel gesto chirurgico significa, allora, appropriarsi dell'anima della vittima?[36]

36 Giovanni Invitto, *Tempi del cinema, tempi nel cinema. Tra filosofia e psicoanalisi.*

CONCLUSIONI

Nel film, non casualmente, è inserita una scena, che si svolge al castello, nella quale gli ospiti, con Johan e Alma, assistono ad un brano dell'opera mozartiana *Il flauto magico*, nella quale si vedono impegnati attori veri, rimpiccioliti con un trucco cinematografico.[37]

E' il brano nel quale, Tamino, il protagonista dell'opera, solo di fronte al palazzo, chiede:

O notte oscura, quando ti dissolverai? Quando troverò la luce nella tua tenebra?

E il coro gli risponde:

---

37 Nel 1974 Ingmar Bergman dirigerà *Trollflojten,* una versione cinematografica della stessa opera ancora oggi considerata la migliore riproduzione di un opera lirica al cinema.

O presto, presto, o mai più.
Subito dopo Tamino apprende la notizia che Pamina, la sua amata, è ancora in vita.
Rispondete: Pamina è ancora in vita?
Le voci rispondono a Tamino da lontano:
Pamina, Pamina vive ancora!

"Queste dodici battute contengono due domande ai limiti estremi della vita, ma anche due risposte. Quando Mozart scrisse la sua opera era già malato, l'intuizione della morte lo sfiorava. In un momento d'impaziente disperazione grida: O notte oscura! Quando ti dissolverai? Quando troverò la luce nella tenebra? *Il coro risponde ambiguo:* presto, presto

o mai più. *Mozart, mortalmente malato, grida una domanda alla tenebra. Da questa tenebra risponde egli stesso alla propria domanda - o riceve una risposta? Così l'altra domanda: Pamina vive ancora? La musica traduce la semplice domanda del testo nella più grande delle domande: è vivo l'amore? E' reale l'amore? La risposta giunge tremante ma piena di speranza, in una strana suddivisione del nome di Pamina: Pa-mi-na vive ancora! Non si tratta del nome di una giovane donna, è una parola in codice che indica l'amore: Pa-mi-na vive ancora! L'amore esiste. L'amore è reale nel mondo degli uomini.*[38] "

---

38 Ingmar Bergman, *Immagini.*

Così scrive e spiega ancora Ingmar Bergman la scena descritta.

"La macchina da presa tocca il viso di tutti. La ritmizzazione del testo è un cifrario: Pa-mi-na *significa amore. Vive ancora l'amore?* Pamina lebet noch, *l'amore vive ancora. (…) La macchina da presa su Liv: è una doppia dichiarazione d'amore. Liv era incinta di Linn. Linn era nata proprio nel giorno in cui abbiamo filmato l'entrata di Tamino nel cortile del palazzo.*[39]*"*

In Ingmar Bergman e nei sui film spesso realtà e fantasia si fondono e lui stesso scrive nella sua autobiografia queste frasi emblematiche.

---

39 Ingmar Bergman, *Immagini.*

"Era difficile distinguere la fantasia da quello che era considerato reale. Se mi sforzavo potevo magari costringere la realtà a mantenersi reale, ma c'erano per esempio i fantasmi e gli spiriti: Come dovevo fare con loro? E le fiabe, erano reali? Dio e gli angeli? Gesù Cristo? Adamo ed Eva? Il diluvio universale? Come stavano realmente le cose con Abramo e suo figlio Isacco, pensava davvero di tagliargli la gola? Fissavo eccitato l'incisione del Doré, mi identificavo con Isacco, questo era reale: papà pensa di tagliare la gola ad Ingmar, pensa cosa succede se l'angelo arriva troppo tardi. Allora possono piangere. Il sangue scorre e Ingmar sorride, pallido. Realtà.

Poi arrivò il proiettore.[40] "

Un'ultima annotazione: Johan Borg, il pittore famoso, potrebbe essere lo stesso regista: oltre ad avere le stesse iniziali di nome e cognome è anche famoso per i suoi studi di volti, e la parola volto è ricorrente nella filmografia del Maestro.[41]

---

40 Ingmar Bergman, *Lanterna magica.*
41 *Ansiktet* (*Il volto,* 1958) e *Ansiktet mot ansiktet (L'immagine allo specchio,* 1975).

NOTIZIE SUL FILM

Titolo originale	*Vargtimmen*
Paese di produzione	Svezia
Anno	1968
Durata	90 min
Colore	
Audio	sonoro
Genere	drammatico
Regia	Ingmar Bergman
Soggetto	Ingmar Bergman
Sceneggiatura	Ingmar Bergman
Fotografia	Sven Nykvist
Montaggio	Ulla Ryghe
Musiche	Lars Johan Werle
Scenografia	Marik Vos-Lundh

PERSONAGGI E INTERPRETI

Max von Sydow: Johan Borg,
il pittore

Liv Ullmann: Alma,
moglie di Johan

Erland Josephson: Barone
von Merkens

Ingrid Thulin: Veronica
Vogler

Georg Rydeberg: Lindhorst

BIBLIOGRAFIA

Ingmar Bergman, *Lanterna magica.*

Ingmar Bergman, *Immagini.*

Giovanni Invitto, *Tempi del cinema, tempi nel cinema. Tra filosofia e psicoanalisi.*

Claudio Papini, *Ben ritrovato, Ernst Ingmar!*

Sergio Trasatti, *Ingmar Bergman.*

Salvatore M. Ruggiero, *Parla con Bergman.*

Salvatore M. Ruggiero, *Il genio di Uppsala, Il grande cinema di Ingmar Ernst Bergman spiegato a chi lo ignora.*

INDICE